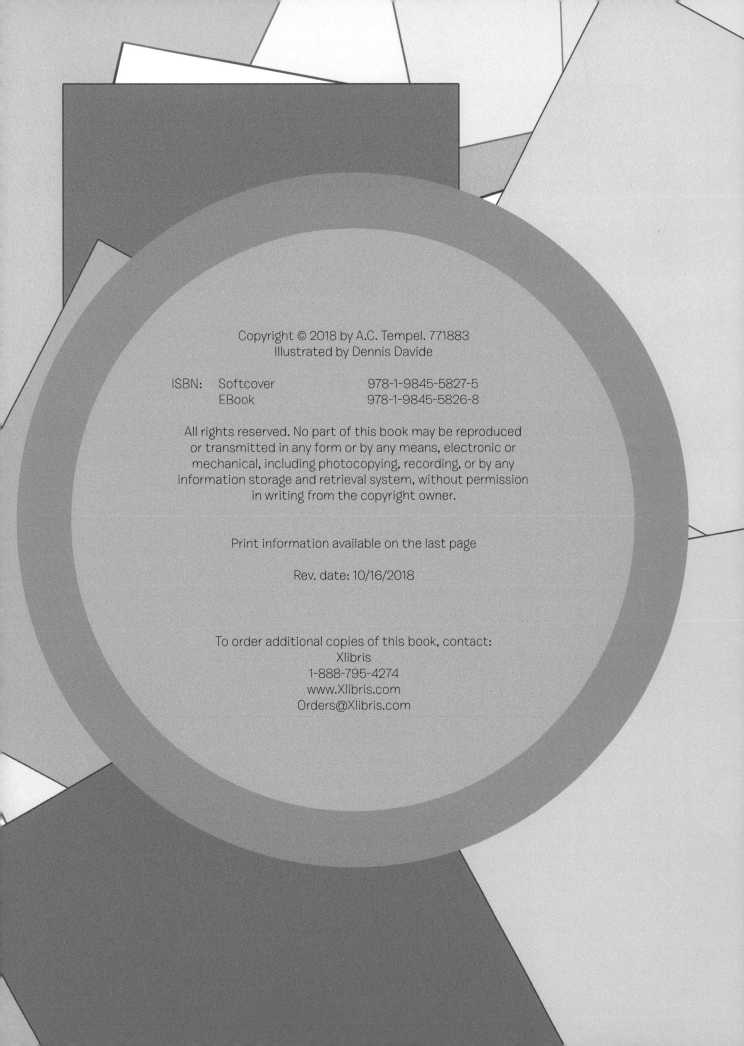

DEDICATION

A huge thank you goes out to ALL the 3rd graders at
Montverde Academy in Ms. Serena's and Ms. Schmid's
classes. Their feedback, drawings, and creativity were my
inspiration for the scenes in this second
book. So much humor and
whimsy went into each scene and was
provided by the children's suggestions. Keep
hopping to new heights, kiddos!!
xoxoxoxoxoxoxoxoxox

Snip, clip, hands and feet
File them, buff them, smooth and neat
(Nail grooming)

1

Spread it on, rub it in
Lotion hydrates up our skin
(Moisturizer)

Lather those bubbles
up and down
Frothy, foamy, all around
(Face and Body Cleansing)

Smooth your locks, sleek and straight
Curl or spike them, you create!
(Hair Grooming)

Don't skimp on those pearly whites,
Brush and floss, teeth bright as lights
(Teeth Hygiene)

Hang your shirts; fold your pants,
Fresh and pressed, all set to dance!
(Clean laundry)

Shoulders back, chin is high,
Smiles to all, easy as pie!
(Good posture/presentation)

Find your style, unique and true
Most important, just be YOU!
(Getting Dressed)

Eyes are bright, you're set to go,
Show your spirit, and say HELLO!
(Positive Self-Confidence)

Here is a unique and fun soap-making recipe to leave your hands squeaky clean, feeling moisturized, and relaxing your senses. **(Adult supervision strongly recommended since melting soap requires use of stovetop or microwave and liquefied soap will be VERY HOT)**

*This is an example of a single pour- in block mold that can be purchased at any craft store in their soap-making section.

LIGHTS-OUT LAZY LEMUR

-In a small saucepan, melt down ¼ of a 5lb. block
of opaque white goat soap on low heat, stirring
continually until liquefied and completely melted
CAUTION: SOAP WILL BE VERY HOT AND CAN BURN
- Stir in 4-5 drops of lavender essential oil
(Essential oil is potent so a little goes a long way)
-Stir in 2-6 drops of purple food coloring
(You can customize your desired color... adding more drops
for a deeper purple or less for a lighter, softer lilac shade)
-If desired, you can stir in herbal lavender to the
mixture so it is suspended throughout the soap
-Gently pour into soap molds and let set up overnight.
I find transferring mixture to a large measuring cup
with a spout helps with easy pouring into molds.
(You can place them in the refrigerator
for more rapid hardening)
-Once completely set up and cool (24
hours) pop out individual soaps

*As with any new product, doing a patch test to determine
if there are any skin sensitivities present is a good
idea. This recipe is recommended as a hand soap.

M	S	B	F	I	P	C	L	F	A	L	R	I	A	K	S	H	W	M
O	V	P	V	B	L	B	O	U	B	H	D	L	O	J	F	I	A	B
U	C	I	F	S	Z	J	P	N	A	J	C	M	U	B	O	E	H	I
T	M	U	T	G	A	Y	Q	J	F	O	V	A	B	W	T	V	P	L
H	D	Z	S	B	E	N	S	U	C	I	U	E	O	S	O	M	Z	A
W	C	G	J	L	I	S	C	B	H	S	D	Q	F	M	B	N	S	F
A	L	F	J	H	M	F	I	G	E	Q	T	E	C	Y	X	A	H	J
S	A	V	G	K	B	S	P	A	X	U	H	L	N	C	E	O	W	A
H	O	B	Y	S	H	O	W	E	R	Z	R	O	J	T	P	R	Z	C
A	U	S	Q	A	W	E	Z	L	O	R	B	K	D	G	J	N	O	S
O	T	O	W	E	N	M	T	U	A	H	Y	L	E	A	C	K	M	H
Y	S	F	N	C	Y	W	F	E	L	I	M	S	O	B	F	L	O	G
B	V	P	T	L	F	A	W	Q	G	S	B	Z	C	V	M	A	T	H
R	X	K	W	G	I	G	B	O	X	J	T	R	P	Z	I	R	O	N
E	R	Z	B	U	B	B	L	E	Z	M	C	F	L	O	C	S	W	P
D	W	T	J	S	A	H	G	D	V	T	N	T	Y	L	B	Y	E	R
R	U	F	O	G	S	N	Q	N	D	M	E	B	I	C	Q	A	L	O
Z	G	Y	D	F	O	U	E	U	Z	O	S	W	V	L	E	T	G	S
L	R	M	T	P	K	F	R	S	R	Z	I	L	I	F	D	K	B	N
Y	A	G	S	X	Z	G	U	A	V	C	G	R	N	K	J	P	R	O
C	I	U	B	K	O	I	T	C	E	C	A	H	Y	C	T	Z	I	O
M	L	J	G	G	L	W	S	K	F	Z	Q	S	D	J	A	R	T	P
Y	W	T	C	N	M	B	O	Q	I	H	X	R	I	T	V	C	J	M
E	Q	P	W	B	F	Z	P	G	L	N	S	I	T	H	I	N	Z	A
S	L	G	O	H	I	V	H	U	C	A	R	H	X	A	G	Q	T	H
F	L	Y	N	M	R	C	N	Z	O	G	T	W	B	S	J	E	O	S
O	N	K	T	R	A	B	K	E	H	D	T	U	I	V	N	H	M	R
P	B	M	K	S	W	N	T	L	F	X	I	J	P	R	L	A	L	F
A	L	J	X	C	H	A	J	Q	G	O	Q	L	R	J	B	I	N	S
C	H	N	G	I	R	U	I	K	U	B	M	A	N	I	C	U	R	E
Y	M	C	O	D	A	S	C	O	I	Z	U	B	R	D	H	T	G	Z
N	U	B	Y	A	Q	L	D	H	S	K	N	U	V	V	I	P	U	X
L	A	H	B	O	C	P	Z	E	A	F	A	C	G	O	L	G	T	J
A	R	I	W	T	O	O	T	H	B	R	U	S	H	Z	U	L	E	G

STEAM

SHOWER

STYLE

SPONGE

TIDY

TOWEL

MANICURE

HYDRATE

GEL

SHAMPOO

MOUTHWASH

SMILE

CONFIDENT

BUBBLE

IRON

POSTURE

TOOTHBRUSH

```
M S B F I P C L F A L R I A K S H W M
O V P V B L B O U B H D L O J F I A B
U C I F S Z J P N A J C M U B O E H I
T M U T G A Y Q J F O V A B W T V P L
H D Z S B E N S U C I U E O S O M Z A
W C G J L I S C B H S D Q F M B N S F
A L F J H M F I G E Q T E C Y X A J C
S A V G K B S P A X U H L N C E O W A
H O B Y S H O W E R Z R O J T P R Z C
A U S Q A W E Z L O R B K D G J N O S
O T O W E N M T U A H Y L E A C K M H
Y S F N C Y W F E L I M S O B F L O G
B V P T L F A W Q G S B Z C V M A T O
R X K W G I G B O X J T R P Z I R O N
E R Z B U B B L E Z M C F L O C S W P
D W T J S A H G D V T N T Y L B Y E R
R U F O G S N Q N D M E B I C Q A L S
Z G Y D F O U E U Z O S W V L E T G S
L R M T P K F R S R Z I L I F D K B N
Y A G S X Z G U A V C G R N K J P R O
C I U B K O I T C E C A H Y C T Z I T
M L J G G L W S K F Z Q S D J A R T P
V W T C N M B O Q I H X R I T V C J M
E Q P W B F Z P G L N S I T H I N Z A
S L G O H I V H U C A R H X A G Q T H
F L Y N M R C N Z O G T W B S J E O M
O N K T R A B K E H D T U I V N H M R
P B M K S W N T L F X I J P R L A N F
A L J X C H A J Q G O Q L R J B I N S
C H N G I R U I K U B M A N I C U R E
V M C O D A S C O I Z U B R D H T G Z
N U B Y A Q L D H S K N U V V I P U X
L A H B O C P Z E A F A C G O L G T J
```